AF502459

# L'IMPRIMEVR
## AVX LECTEVRS,
### SALVT.

*

LES chofes d'inftruction, qui font reprefentees à la veuë, & par icelle ont entree en l'apprehenfion, & de là en auant en l'entendemét, & puis en la memoire, efmeuuent & inci tent dauãtage, & demeurent plus fermes & ftables, q̃ celles qui ont leur feule entree par l'oreille. A caufe dequoy vous ay fait dreffer ce prefent Liuret de figures, prin-fes fur les hiftoires du nouueau Teftament, & cõcernans les prin-

A 2    cip

cipaux articles, myſteres, & points
de noſtre ſalut, & ſainte Foy Chre
ſtienne & Catholique, auec l'ex-
poſition, en petis vers, miſe brieuement au deſſouz de chacune d'i-
celles. Receuez le donq, Lecteurs,
pour recreation à l'œil, ayde à la
memoire, & contentement à l'eſprit, que Dieu vous vueille
touſiours garder à ſon
honneur & louen-
ge eternelle.

# A TRESILLVSTRE

& Treshaute Princesse, Madame
Marguerite de France, Du-
chesse de Berri, Char-
les Fonteine
S.

Ma basse & petite facture
Nose approcher de ta hautesse,
Mais le suget, prins d'escriture,
Qui est toute diuine & pure,
Se veut addresser, & s'addresse
A ta vertueuse noblesse.

L'Euangeliste saint Matthieu,
Estant Ebrieu de nation,
Escriuit aussi en Ebrieu
(Premier de tous) du filz de Dieu
L'humaine generation,
Vie, Mort, Resurrection.

Saint *Marc*, de *saint* *Pierre* interprete,
De qui la doctrine ha suiuie,
Par son Euangile, en brief, traite
De mainte chose dite & faite
Par IESVCHRIST le fruit de vie,
Le preschant en *Alexandrie*.

Saint Luc Medecin, ha escrit
Selon qu'il auoit ouy dire,
Aux Apostres: & ha descrit
La vie & faits de IESV CHRIST:
Mais les Actes voulut escrire,
Selon qu'il vit, pour nous instruire.

Saint Iean escriuit le dernier
  L'Euangile tant hautement,
  Que Iesuchrist l'a pour premier
  De ses aymez, & coustumier
  De reposer heureusement
  Au sein d'icelui priuément.

A 5

L'Ange predit à Zacharie
(Offrant encens à la maniere,
Et Loy des Iuifs) que Dieu, qu'il prie,
L'exauce : mais, comme il varie,
Estant douteux en sa priere,
Soudain perd la parole entiere.

# S. Luc 1.

L'Ange fut tranſmis deuers celle
 Treſpure vierge en innocence,
 Qui eſt ſeule mere & pucelle,
 Pour annoncer la grand' nouuelle,
 Que le Filz Dieu, grand en puiſſance,
 Prendroit en elle humaine eſſence.

La Tressainte vierge Marie  
Diligemment se met en voye  
Vers la maison de Zacharie,  
Si que sa cousine & amie,  
De saint Iean enceinte, elle voye,  
Qui en l'oyant saute de ioye.

En Bethleem IESVS fut né
En vne creiche pourement,
Comme auoit esté ordonné
Au saint conseil sur ce donné
Là sus au ciel diuinement,
Et predit anciennement.

L'Ange fait ſauoir la naiſſance
De Ieſuchriſt aux Paſtoureaux:
Puis vont ſouz foy & grand' fiance
En Bethleem, pour l'aſſeurance:
Et laiſſent de nuiċt leurs troupeaux,
Leurs moutons, brebis, & agneaux.

# S. Matthieu 11.

Les sages Rois s'en vindrent droit
  D'Orient adorer IESVS :
  Si entrerent souz petit toict,
  Quand virent l'estoile à l'endroit
  S'arrester tout droit au dessus,
  Pour les garder d'estre deceuz.

IESVS *au Temple presenté,*
*Es bras de Symeon receu,*
*Rendit Symeon contenté,*
*Pour le Salut representé,*
*Et deuant ses yeux apperceu,*
*Qu'en son esprit auoit conceu.*

Herode occit les Innocens,
　Penſant auſſi I E S V S occire.
　En ce poinct maints Tyrans puiſſans
　Auecques tout leur humain ſens,
　Soit par conſeil, ou cruelle ire,
　Au fait de Dieu n'ont onq peu nuire.

B

Ioseph aduerti par vn Ange
 De prendre en Egypte la fuite,
 Incontinent de païs change,
 Et s'en va en la terre estrange,
 Que l'on nomme encores Egypte,
 Creingnant du Roy l'ire despite.

# S. Matth. 111. S. Marc 1.
## S. Iean 1.

Saint Iean Baptiſte baptiza
Ieſuchriſt au fleuue Iordain:
(Mais parauant il s'excuſa)
Et puis apres il aduiſa
Sur le Sauueur deſcendre à plein
Le ſaint Eſprit de grace plein.

B 2

Saint Iean Baptiste precurseur,
  Lequel ne baptizoit qu'en eau,
  Voyant marcher nostre Seigneur,
  Luy porta vn si grand honneur,
  Qu'il dist de luy ce mot tant beau,
  Voicy venir de Dieu l'Agneau.

Satan au desert le tenta,
  Disant qu'il fist de pierre pain:
  Puis sur le Temple le porta:
  Puis sus vn mont il le monta:
  Mais Satan de cautelle plein,
  Le tenta par trois fois en vain.

B 3

Iesuchrist estant inuité
Aux noces d'ami, ou cousin,
Voyant de vin necessité,
Fit par sa sainte autorité,
Et par beau miracle diuin,
Transmuer l'eau en tresbon vin.

Iesuchrist, qui est la fontaine
  D'eau de vie diuinement,
  Demande à la Samaritaine
  A boire, non d'une eau mondaine,
Comme ell' pensoit premierement:
Puis il l'instruit bien hautement.

B 4

S. Matth. XIII. S. Marc VI.
S. Luc IIII.

En Nazaret entra au Temple
    (Synagogue, & des Iuifs l'Eglise)
Ou le Peuple qui le contemple,
Entend de luy ſauoir ſi ample,
Qu'incontinent s'en ſcandalize,
Et pour ſes parens le meſpriſe.

IESVS *au bateau de saint Pierre*
*Les tourbes & le peuple presche,*
*Qui estoient sur la riue à terre:*
*Puis dit que la rets on desserre,*
*Et que de pescher on s'empesche.*
*La rets ront des poissons qu'on pesche.*

B 5

Entre les miracles aduint
  Quun homme ladre s'approcha,
  Et tout droit à Iesuchrist vint:
  Puis tout sain, & gueri deuint
  Si tost que IESVS le toucha,
  Qui sa ladrerie seicha.

Les Apostres, qui auoient faim,
Le iour du Sabbat arrachoient
Espicz de blé auec la main:
Mais les Iuifs de cœur inhumain,
De celà bien fort se faschoient,
Et à Iesuchrist s'attachoient:
Qui reprint leur abus à plein.

I E S V S *ſes Apoſtres preſchant,*
*Diſt les vray poures bienheureux,*
*Les humbles & les douloureux,*
*Ceux que chacun va reprochant,*
*Et que le monde hayt, touchant*
*Le nom de Dieu porté par eux.*

IESVS *blaſme ainſi l'hypocrite*
*Qui deſſus ſoy n'auiſe rien:*
*Comment peux tu, & qui t'incite*
*De voir vne paille petite*
*En l'œil d'autruy, qui ne peux bien*
*Voir vne groſſe buſche au tien?*

# S. Matth. VIII. S. Luc VII.
## S. Iean IIII.

Un Centenier tout triste & blesme
Le pria pour son filz transi.
IESVS voyant sa Foy extreme,
Le guerit tout à l'heure mesme:
Puis dist qu'en Israël aussi
Ne vid Foy telle à celle ci.

S. Matth. XIII. S. Marc IIII.
S. Luc VIII.

L'oiseau qui mange la semence
  A cil qui seme par la voye,
  C'est le malin, plein de nuisance,
  Qui vient dens nostre conscience
  Rauir, tout ainsi qu'une proye,
  Le pur grain de doctrine vraye.

IESVS *dormant en la nauire,*
*Un grand vent se leue si fort,*
*Quil vous la trouble, & vous la vire,*
*Et la single comme par ire:*
*Mais luy esueillé, met d'accord*
*Le vent & mer pleins de discord.*

# S. Matthieu XIIII.

Iesuchrist cheminant sur l'eau,
  Fait qu'on s'estonne & souspeçonne:
Saint Pierre sortant du bateau,
Sur l'eau chemine bien & beau:
Puis vn vent l'enfondre, & l'estonne:
Mais Iesuchrist sa main luy donne.

C

Perseuerant la Cananee
  Prier pour sa fille captiue
  Du faux Esprit, & malmenee,
  Sa grand' priere enracinee
  En vraye Foy, ardante, & viue,
  Fait que la fille à repos viue.

Grand peuple par trois iours entiers
Suiuoit Iesuchrist par les champs:
De sept pains (restãs maints quartiers)
Il en repeut quatre milliers,
Voire tant seulement des grans,
Sans les femmes & les enfans.

Les Iuifs meinent à Iesuchrist
La femme en adultere prise:
Car s'il pardonne le delict,
C'est contre la Loy de Moïse:
Mais luy, qui leur malice aduise,
De son doigt en la terre escrit:
Puis s'en vont tous, confuz d'esprit.

# S. Matth. xvii. S. Marc ix. & aussi S. Luc ix.

Au mont monstra sa magesté
Deuant saint Iean, Iaques, & Pierre.
Moïse y fut representé,
Et Elie dautre costé,
Disans qu'en Iudaïque terre
Il soustiendroit mortelle guerre.

IESVS vn enfant appella,
Pour oster les siens de souci,
Et du doute qui les troubla:
Puis dist qu'aux Cieux est cestui là
Le plus grand, qui est tout ainsi
Que ce petit enfant icy.

Iesuchrist disoit, pour congnoistre
Celuy qui est nostre prochain,
L'homme nauré n'a onq peu estre
Secouru du Iudaïq Prestre,
Ni du Leuite, ains d'un certain
Homme estranger, Samaritain.

L'enfant prodigue delaiſſa
Son pere, pour mieux paillarder :
Puis la famine le preſſa.
Lors à ſon pere s'adreſſa
Pour pardon luy en demander,
Qui le feſtin fit commander.

Le riche, nourri & vestu
En toute delectation,
Voyant le Lazare abbatu,
Foible, malade, & sans vertu,
Ne luy donne refection:
Les chiens en ont compassion.

Les peruers Iuifs tout en commun
Vous enuironnent Iesuchrist,
Luy disans que sans doute aucun
Il declaire s'il est le Christ.
Il respond, comme il est escrit,
Mon Pere & moy ne sommes qu'un:
Lors chacun d'eux des pierres prit.

A priere & pleurs s'excita,
  Si que rremeur s'en est suiuie:
  Puis le Lazare suscita,
  Que mort dens le tombeau getta:
  Mais luy, rendant au mort la vie,
  Accreut sur soy des Iuifs l'enuie.

Iesuchrist, monté sur l'asnesse
Dedens Ierusalem entra.
Luy contraire à toute hautesse,
Et à toute humaine sagesse,
Son humilité demonstra,
Quand en tel estat se monstra.

Iesuchrist chassa les marchans
   Qui faisoient leur trafique au Temple,
   Gros vsuriers, & gens meschans,
   Aux biens mondains tousiours taschans,
   Qui sous ombre de bon exemple
   Tenoient banque, & auarice ample.

## S. Matth. XXII. S. Marc XII. S. Luc XX.

Les faux mouchars Pharisiens
    Cuidans bien Iesuchrist surprendre,
    Auec aucuns Herodiens
    Enuoyez par les Anciens,
    L'interroguerent, pour contendre,
    S'il faut à Cesar tribut rendre.

Sur le Sauueur, la Magdeleine
  Espandant onguent precieux,
  Rendit la maison toute pleine
  De bonne odeur, tant souueraine,
  Que Iudas le sedicieux
  Murmura, comme auaricieux.

IESVS second en Trinité
Laua aux Apostres les piez,
Monstrant à toute autorité
Le droit chemin d'humilité:
Et apres qu'il les eut lauez,
Encor les ha il essuyez.

# LA PASSION.
## S. Matth. xxvi. S. Marc xiiii.
## S. Luc xxii. S. Iean xiii.

*A ſes Apoſtres il diſoit*
*Que dun dentreux ſeroit trahi:*
*Puis comme ſaint Iean repoſoit*
*En ſon ſein, il luy expoſoit*
*Qui ſeroit celuy tant haï*
*Qui rendoit chacun esbahi.*

D

Au mont d'Oliuet il pria
De ne boire ce dur calice:
Mais quand son Pere il supplia,
Ceci accordé ne luy ha:
Car luy offert en sacrifice,
Deuoit purger nostre malice.

Sous vn baiser en trahison
    Iesuchrist fut liuré, & pris:
(C'estoit le miel sus la poison,
Et la feintise en l'oraison.
Iudas n'en receut pour son pris
Que trente deniers, tout compris.

Caïphe ardent, & despité
Sur la response douce & sage
Du Sauueur de l'humanité,
Se monstre si fort irrité,
Que quasi tout vif il enrage,
Deschirant ses habits par rage.

S. Matth. XXVII. S. Marc XV.
S. Luc XXIII. S. Iean XVIII.

L'enuie auec l'ambition
   Des faux Iuifs, nation ingrate,
   Pleine d'abus, d'extorsion,
   D'erreur, & vindication,
   Enuoye IESVS vers Pilate,
   Qui mal n'y trouue, & ne les flatte.

D　3

IESVCHRIST en la Preuosté,
Comme Pilate commandoit,
Par Satellites fut foetté,
Moqué, frappé, & buffeté.
Pilate, qui les Iuifs fondoit,
Leur rage adoucir pretendoit.

IESVS d'espines couronné,
   Endura vn tresgrief tourment
   Que n'auoit Pilate ordonné:
   Mais maint Satellite addonné
   A tout mal faire grandement,
   Surpaſſa le commandement.

Pilate aux cruelz Iuifs monstroit
Iesuchrist (disant, voicy l'homme.)
Despines couronné estoit,
Et vn manteau rouge portoit.
Lors la commune voix en somme
A mourir, par leur Loy, le somme.

Portant sa croix sans nul esmoy,
   Aux femmes pleurans dist ainsi:
Ne plaingnez, ni pleurez sur moy:
Son fait tel cas, & tel desroy
Au bois verd (à moy que voicy)
Au bois mort que fait l'on aussi?

D   5

IESVCHRIST *en croix estendu,*
*Mourut pour nous viuifier.*
*Son corps cloué, tiré, tendu,*
*Et son sang pour nous espandu,*
*Sont les armes pour deffier*
*Peché, la Mort, l'ennemi fier.*

# LA RESVRRECTION.
## S. Matth. xxviii. S. Marc xvi.
## S. Luc xxiiii. S. Iean xx.

IESVCHRIST est resuscité,
    Malgré la mort, malgré l'enuie,
    Usant de sa diuinité:
    Et, ce faisant, ha excité
    Nostre ame de terre rauie
    En l'amour de celeste vie.

Les trois Maries douloureuses
De grand matin vont au tombeau,
Par affections merueilleuses
Portans ointures precieuses,
Pour oindre le corps saint & beau:
Mais voyent l'Ange en iouuenceau,
Qui leur dit nouuelles ioyeuses.

Magdeleine de desir pleine
    Sen va son bon maistre chercher
    Dens le tombeau, & auec peine.
    Lors, en iardinier, sa voix pleine
    Elle entend, & veut approcher:
    Mais il deffend de le toucher.

De Ieruſalem s'en partirent
  Deux des ſiens, allans en Emaus:
  Lors ſans le congnoitre, le virent,
  Et ſi entr'eux maints propos dirent
  Touchant ſes tourmẽs,& grãs maux:
  Puis leur remonſtra des points hauts:
  En fin de veuë le perdirent.

Saint Thomas ne voulut point croire
Par ouir dire, mais par voir.
Son incredulité notoire
Est escrite en la sainte histoire,
Pour confirmer nostre deuoir
De croire, sans veuë en auoir.

## Actes I.

Deuant ses disciples aux Cieux
  Iesuchrist victorieux monte,
  Laissant ce monde vicieux
  Pour retourner en ses saints lieux:
  Puis viendra, en descente prompte,
  Pour nous faire à tous rendre compte.

Saint Pierre d'argent n'ayant point  
Pour faire à vn boiteux aumone,  
Guerit ce boiteux mal en poinct,  
Au nom IESVS : & en ce poinct,  
Pour vne aumone trop plus bonne,  
Au lieu d'argent, santé luy donne.

E

Saint Estienne fut lapidé
  Inuoquant le nom de I E S V S :
  Aussi I E S V S luy ha aydé :
Car luy Martir ha regardé
De l'œil de Foy aux cieux là sus,
Et ha veu I E S V S au dessus.

De la Royne d'Ethiopie
　　L'Eunuque, bien grand personnage,
　　En son char lisant Isaie,
　　Trouue saint Philippe, & le prie
　　Luy faire entendre le passage,
　　Puis le baptizer, dauantage.

E　2

*Saint Paul brulant d'affection*
*A persecuter les Chrestiens,*
*Fut fait vaisseau d'election,*
*Par vne grand' conuersion:*
*Ceux qu'il souloit mettre es liens,*
*Lors il ayma plus que les siens.*

Les animaux de mainte sorte
   A saint Pierre offerts à manger,
Cest la vision qui l'enhorte
Que Dieu ne veut clorre la porte
De salut, à nul estranger
Qui à la Foy se veut renger.

E    3

Saint Pierre pris, & enferré,
Et endormi entre sa garde,
En prison, ayant l'huis serré,
Fut deliuré, & defferré
Par vn saint Ange qui le garde,
Et qui le conduire ne tarde.

Saint Paul qui vn boiteux guerit,
Nen veut receuoir sacrifice:
Ains il deschire son habit
Comme par ire, & par despit
De tel abus, & de tel vice,
De tel erreur & faux seruice.

E 4

L'esprit deuin d'une chambriere
 Louoit saint Paul, qui pour bon heur
Nauoit la façon coutumiere,
De telle louenge planiere:
 Parquoy n'acceptant tel honneur,
 Fit sortir l'Esprit deuineur.

Un enfant endormi, & las,
  Tombant de nuict du tiers estage,
  Du haut d'une fenestre à bas,
  Se rompit le col, & les bras:
  Lors saint Paul traitant maint passage,
  Resuscita ce personnage.

E  5

Saint Paul eschappé du naufrage,
Dedens vne Isle s'arresta:
Print des sermens pour le chaufage,
D'ou saillit vn serpent sauuage,
Qui, mordant sa main, l'adenta:
Mais, sans mal, au feu le getta.

FIN.

Lors que saint Iean en Patmos exiloit
Pour la parole, à laquelle souloit
Rendre en tous lieux asseuré tesmaignage:
Uid en esprit des Saints l'affliction,
Uid les malheurs, vid l'execracion,
Qu'exercer doit l'Antechrist par sa rage.

Saint Iean vid tout premierement  
IESVS en long acoutrement:  
Sept estoiles en sa main dextre,  
Sept chandeliers d'or il vid estre  
Autour de luy: disant, Premier  
Ie suis, & aussi le dernier.

En vne apparence terrible
   Se fait cy le Sauueur visible:
   Quatre animaux tous remplis d'yeux
   Chantent la gloire au Dieu des Dieux:
   Vintquatre vieillars y consentent,
   Et leurs couronnes luy presentent.

Un Roy deſſus vn blanc cheual
Tient l'arc bendé pour faire mal:
Un homme ſus vn cheual roux
Tient l'eſpee nue en courroux:
L'autre vient ſur vn cheual noir,
Puis Mort, & l'infernal manoir.

Les ames des saints Martirs crient
  Deſſous l'autel, & Dieu ſupplient
  Qu'il venge leur ſang innocent.
  Si leur reſpond le Toutpuiſſant,
  Qu'ils repoſent, & ſoient recors
  D'attendre vn peu tous leurs conſors.

*La terre fait grand tremblement:*
*Le Soleil noir difformement,*
*La Lune appert toute sanglante:*
*Mainte estoile est du Ciel tombante:*
*Et isle, & mont de place change:*
*Chacun creint fort tel cas estrange.*

Quatre Anges aux coings de la terre
Les quatre vents tiennent en serre:
Un autre vers Soleil leuant,
Portant signe du Dieu viuant,
Dit qu'il faut marquer au milieu
Du front, les seruiteurs de Dieu.

F

Sept Anges deuant Dieu eſtans,
  Sept trompettes ſont acceptans:
L'huitieme tient l'encenſoir d'or,
Et deſſus l'autel d'or encor
Preſente deuant le haut throne,
L'oraiſon des Saints, & l'aumone.

L'Ange premier, premier entonne
Sa trompette : puis, comme il sonne,
La gresle & feu de sang meslé
Miserablement ha brulé
De la terre la tierce part :
Tant d'horreur ce grand son depart.

F 2

# Apocal. VIII.

*Apres sonne l' Ange second:*
*Et voici vn grand ardent mont*
*Dedens la mer se gette & rue:*
*La tierce part d'elle se mue*
*En sang : & tost sont ruinez*
*Cent mil poissons & plusieurs nefs.*

L'Ange tiers ſonne : & vne grand'
  Eſtoile ardant' tombe, & ſe rend
Dedens la tierce part des eaux :
Dont des riuieres & ruiſſeaux
La tierce part amere eſt faite.
Lon meurt buuant telle eau' infette.

F 3

Puis vient sonner l'Ange quatrieme:
Lors du Soleil la part troisieme,
Des estoiles, & de la Lune
Est obscurcie, & deuient brune.
D'un autre Ange on entend la voix,
Criant malheur, malheur trois fois.

L'Ange cinquieme ſonne : & puis
  Une eſtoile tombe au grand puits
  Infernal, dont des beſtes ſortent
  (Qui malheur aux hommes apportent
  Durant cinq mois) auec fumee
  (omme de fournaiſe enflammee.

Le sixiéme Ange vient sonner,
Et puissance à quatre donner
D'occir la tierce part des gens:
Puis gens armez sont diligens
A nuire, sur bestes montez
Comme Lyons fiers indomptez.

Un Ange du ciel descendant,
  En sa face clarté rendant
  Comme vn Soleil, ses iambes plante
  (Comme double colonne ardante)
  L'vne en la terre, & l'autre en l'eau:
  En sa main tient vn liure beau.

F 5

Deux Prophetes, de ſacs veſtus,
    Preſchent le grand Dieu des vertus.
    La beſte d'enfer leur fait guerre,
    Et les tue tous deux ſur terre:
    Mais Dieu la vie leur redonne.
    Alors tout le monde s'eſtonne.

Grand' Dame du Soleil vestue
Contre vn grand Dragon s'euertue:
Le fils de la Dame au Ciel monte.
Saint Michel la beste surmonte,
Si qu'el' ne fait nuisance aucune:
La Dame ha sous ses piedz la Lune.

# Apocal. XIII.

De la mer ſort beſte à ſept teſtes,
  Diſant blaſphemes deshonneſtes,
  Et guerroyant tresfort le Monde
  Pour le rendre ſerf & immonde:
  Des habitans du ciel meſdit,
  Et rien ſinon que tout mal dit.

Un Agneau au mont de Sion,
Des gens de benediction
Enuironné, se monstre ici.
Puis vn Ange qui dit ainsi,
Craingnez, & si veuillez aymer
Dieu qui ha fait ciel, terre, & mer.

Sus vne belle & blanche nue,
  Se met le fils de l'homme en veuë,
  Tenant vne faux pour faucher
  La moiſſon qu'on voit ia ſecher.
  L'Ange moiſſonne:& vn autre Ange
  Vendange,& foule la vendange.

Sept Anges sept fioles tiennent,
 Lesquelles espancher ils viennent
 En terre, en mer, & en l'Eufrate
 Contre la nation ingrate,
 Qui son Dieu ne veut recongnoitre,
 Ni humble & obeïssante estre.

Une grand' Dame hautement
    Paree en riche accouſtrement,
    Et montee ſur beſte horrible,
    Preſente ici le vin nuiſible
    Dens vne coupe d'or luiſant,
    Les plus grans à boire induiſant.

# Apocal. XVIII.

Un Ange lumineux deſcend,
Et predit des maux plus de cent
Sur la cité de Babilon.
Chacun s'eſtonne, & ne ſcet lon
Quelle contenance tenir
Pour l'horreur des maux à venir.

G

Le Iuſte ſus vn blanc cheual
Combat, & fait deſcendre à val
La Beſte, & les Grans de la terre:
Puis les oiſeaux volans grand' erre
Sont inuitez d'un Ange cler,
Qui vient dens le Soleil parler.

Un Ange vous lie & encheine
Le grand Serpent d'une grand cheine,
Et puis dens l'abime l'enferme :
Ou, là dedens, il tiendra ferme
Par mil ans : & puis sortira,
Et pour quelque tems il nuira.

Le grand Serpent est dessermé,
Et assemblant meint homme armé
Vous vient faire dessus la terre
Aux saints esluz de Dieu la guerre:
Puis chet en l'abime profonde.
Dieu aux euures iuge le monde.

Saint Ian d'un saint Ange leué,
Gette sa vuë, & ha trouué
Que Ierusalem estoit belle
Comme cité toute nouuelle,
Descendant du Ciel, radieuse
Comme la pierre precieuse.

FIN.

# AVERTISSEMENT
## AVX LECTEVRS.

’Il se rencontre d’auanture, amis Le-
cteurs, aucuns qui blasment mes petis
vers precedens, comme mal parez en
quelques endroits de rime non assez
riche, il me sera permis de leur respon
dre brieuement, que la contrainte de la brieueté, la
taille, & le suget me doiuent aucunement excuser:
esquelles choses certes ie n’ay pas bien peu faire
ce que ie pourrois ailleurs. Et si ces raisons ne les
contentent, i’espere les contenter d’une autre, au
semblable que i’ay fait autrefois : c’est que i’estime
tousiours la Rime deuoir, comme chambriere, soy
humilier, & obeïr au sens : ioint que i’ayme natu-
rellement vne douceur & facilité pour estre de tous
leu, & entendu. Car ie croy que ne doutez que sans
cela ie pouuois bien vser de rime plus riche en cer-
teins endroits : mais pour le mieux, ne me suis vou-
lu contraindre, ou rendre mes petis vers rudes &
obscurs à l’occasion de quelques termes de plus
haute rime que ie pouuois y faire entrer, & seruir
auec peine. Que si quelcun persiste, & demeure encor en son entier au cōtraire de toutes mes raisons,
à tel pour toute response finale, ie desire & souhaite
qu’il prenne la plume en main, & se mette en train
d’essa

d'esſayer à pourſuiure tel ſuget, en telle quantité de
batōs, ou couplets, de telle brieueté, de telz vers, &
de telle taille, & alors on verra comment il en vſera.
Au reſte ie vous veux, & doy bien auertir, qu'en
l'ordre, & diſpoſicion du preſent Liuret, i'ay prin-
cipalement ſuiui ſaint Luc, comme celui qui entre
les Euangeliſtes ha mieux repreſenté le ſtile hiſto-
rique. Mais touchant l'ortografe, lon ha tenu le
meilleur moyen que lon ha peu, pour les varietez
qui ſont auiourdhui en la langue Françoiſe entre
les ſauans, quant à reſoudre ſi lon doit ſuiure la de-
riuacion ou prononciacion : meſme, partie par
inauertence, partie pour ſuiure la naïue douceur
de la prononciacion Françoiſe, en quelque mots
trouuerez quelquefois vne lettre ou deux laiſſees:
ce qu'il vous plaira ſupporter, & prendre le
tout en meilleure part. A Dieu, amis
Lecteurs, qui vous main-
tienne en ſa ſainte
grace.

*